4º V

Petite Comptabilité

complète
du
Foyer

par Eug. Léautey,

Chevalier de la Légion d'Honneur, Officier de l'Instruction Publique.
Ancien Chef de Division au Comptoir d'Escompte de Paris.

Récompenses obtenues par l'Auteur :
4 Médailles d'Or, Paris 1889, 1891, Gênes 1892, Lyon 1894
Grand Diplôme d'Honneur
au Concours international de Comptabilité de Lyon 1894

— Paris —

P. Auguste Godchaux et Cie   Librairie Comptable et Administrative
Imprimeurs-Éditeurs   5, Rue Geoffroy-Marie
10, Rue de la Douane

Tous droits réservés

Répertoire.

	Folio
Instructions	1
Livre de Caisse	9
Journal général (1)	131
Grand Livre général (2)	139
Livre des Inventaires (3)	147
Notes diverses et Échéances à payer ou à recevoir	155
Instructions complémentaires (4)	159

---

(1) La 1ère colonne du Journal Général reçoit les folios des comptes du Grand-Livre. Ainsi le compte Caisse est ouvert, je suppose, au folio 139 du Grand Livre. On indique ce folio dans la 1ère colonne du Journal, en regard du compte Caisse (Voir exemple aux Instructions complémentaires, page 161). La 2ème colonne sert à libeller les articles; la 3ème colonne reçoit les sommes de ailleurs; la 4ème colonne, les sommes dont les comptes sont débités; la 5ème colonne les sommes dont les comptes sont crédités (Voir exemples aux Instructions complémentaires, pages 168 et 169).

(2) La réglure comprend le Débit du compte à gauche de la page, le Crédit à droite de la même page. On inscrit le nom du compte au milieu de la page. La 1ère colonne reçoit les dates des mouvements, la 2ème colonne, leur libellé, la 3ème, le folio du Journal où l'article se trouve; la 4ème, les sommes relevées au Journal. (Voir exemples aux Instructions complémentaires, page 162).

(3) Le Livre des Inventaires se compose des Balances d'écritures (Voir modèles aux Instructions complémentaires). Quatre pages réglées travers sont réservées ensuite au récolement des objets inventoriés au prix coûtant. Il est utile de faire ce récolement du mobilier, de l'argent, des titres, etc; à la fin de chaque année. On compare avec l'inventaire de l'année précédente et l'on constate, par ce moyen, les existants et les manquants.

(4) Au moment d'arrêter les écritures de fin d'année, il est utile de lire ces "Instructions complémentaires".

Petite Comptabilité complète du Foyer.

Cette méthode nouvelle, que l'on comprendra à simple lecture des explications qui suivent, permet aux artisans, aux employés, aux petits capitalistes, ainsi, d'une manière générale, qu'aux commerçants eux-mêmes, de se rendre exactement et complétement compte de leurs opérations domestiques.

En effet, elle établit la statistique permanente de leurs recettes et de leurs dépenses; elle contrôle l'existant des valeurs qu'ils possèdent; elle montre ce que les tiers leur doivent et ce qu'ils doivent aux tiers; elle exprime les résultats en perte ou en bénéfice de chaque année; enfin, elle établit annuellement le Bilan de leur Foyer, dont elle constitue ainsi comme l'histoire comptabilisée.

Fonctionnant au moyen d'un seul registre et mise à la portée de tous par sa simplicité même, elle est appelée à généraliser la pratique de l'ordre comptable chez les classes travailleuses et à combler ainsi une lacune regrettable de l'économie domestique et sociale. (1)

Explications préliminaires.

Recettes. — Dépenses.

Les opérations des non-commerçants se constituent principalement de Recettes et de Dépenses en numéraire.

---

(1) Les nouveaux Programmes des Écoles primaires supérieures, comprennent l'enseignement de cette méthode; aussi simple que pratique, que les élèves appliquent, dès les premières leçons, ce qui leur permet de se rendre immédiatement utiles dans leur famille. Consulter à ce sujet notre Cours de Comptabilité et de Tenue des Livres à l'usage de ces Écoles, qui contient des Exercices de comptabilité des non-commerçants. Librairie comptable, 5 rue Geoffroy-Marie; prix 3 f. bien relié.

Les Recettes, indépendamment des cadeaux et des héritages, se composent soit de gages (chez les personnes en service, ou d'appointements et de gratifications (chez les employés); ou de jetons de présence, de mensualités, de participations, de parts dans les bénéfices, d'émoluments, d'honoraires (chez les administrateurs et chez les personnes qui font profession de carrières libérales), de loyers, de dividendes, d'intérêts, etc. (chez les propriétaires fonciers et mobiliers); enfin, d'intérêts du capital et de bénéfices annuels (chez les capitalistes qui sont en même temps commerçants).

Les Dépenses se composent soit d'achats de choses à consommer : nourriture, habillement, éclairage, chauffage, plaisirs, etc.; soit de rémunération de services : instruction, domestiques, blanchissage, raccomodage, entretien d'objets de ménage, loyer, contributions, assurances, transports, etc.; soit d'achats d'utilité durable : immeubles, mobilier, bijoux, objets d'art, outils, etc., et réparations de ces utilités; enfin d'emplois de capitaux dans un commerce ou une industrie entrepris; de placements soit à la Caisse d'Épargne, ou en rentes ou en titres quelconques, actions, obligations, parts, etc.

Chez les travailleurs, ouvriers et employés demeurés prolétaires, les Recettes et les Dépenses n'ont pas cette variété. Dans cette classe nombreuse de la Société, l'épargne (excédent des recettes sur les dépenses) n'est obtenue que par une sage privation du superflu, que par un bon emploi des choses, enfin que par beaucoup d'ordre et d'économie. Les personnes prévoyantes qui s'imposent cette ligne de conduite et qui la suivent avec persistance, deviennent bientôt petits capitalistes. Il ne dépend plus alors que de leur activité, de leur intelligence, de leur savoir faire, et du bonheur des circonstances qu'elles atteignent à une modeste aisance, sinon à la fortune. En effet, quand le capital est créé, les moyens de le faire fructifier sont multiples, que l'on demeure capitaliste ou que l'on cumule la fonction de capitaliste avec celle de commerçant, d'industriel ou d'agriculteur (Voir notre Cours de comptabilité et de Tenue des Livres).

C'est à ces personnes prévoyantes et ordonnées, résolues à conjurer le sort par le travail et l'économie que cette méthode s'adresse. Elle leur donnera au prix d'un léger travail, le moyen de se rendre compte de leurs efforts, et d'arriver plus sûrement et plus rapidement au but qu'elles poursuivent.

Instructions pratiques
concernant le "Journal Analytique et Statistique de Caisse." [1]

Les rares capitalistes qui veulent comptabiliser sérieusement leurs affaires ont dû jusqu'à ce jour, procéder comme les commerçants, c'est à dire par la tenue d'une comptabilité à parties doubles, ce qui exige des connaissances comptables, occasionne des écritures nombreuses et réclame relativement beaucoup de temps.

Nous simplifions cette pratique en employant la partie double, seulement en fin d'exercice pour résumer, en quelques articles, dont nous donnons la formule, les opérations de l'année entière écrites sous la forme simple.

A cet effet, nous créons un Journal de Caisse à colonnes de statistique indiquant:

1º ——— les recettes et leur provenance;
2º ——— les dépenses au comptant et à crédit par nature;
3º ——— les sommes détaillées des dépenses au comptant;
4º ——— les totaux par jour, des dépenses au comptant;
5º ——— les comptes des fournisseurs à crédit;
6º ——— la statistique, par nature, des dépenses au comptant et à crédit;
7º ——— les achats de valeurs ou placements quelconques;
8º ——— les totaux, par jour, des dépenses au comptant et à crédit.

Un coup d'œil jeté sur le modèle chiffré ci-après, montre la disposition et le fonctionnement de notre Journal analytique et statistique de caisse. La comptabilité journalière des travailleurs des villes et des campagnes, est tout entière dans ce Journal de caisse.

---

[1]. Voir au "Cours de comptabilité de Tenue des Livres" ouille d'exercices pratiques de comptabilité des non commerçants.

Journal Analytique

Recettes			Dépenses							
			Sommes dépensées au comptant			Sommes dépensées à				
Dates des Mouvts	Nature	Sommes	Nature (Comptant ou Crédit)	Détail	Totaux par jour	chez A... Boulanger		chez C... Tapissier	
						Débit	Crédit	Débit	Crédit
Mars 1er	En Caisse	1550 »							
»	Appointements de Février	500 »							
»			Nourriture (1)	7 50					
»			Pain (2)	» »			1 20		
»			Mois de la bonne	35 »					
»			Charbon et pétrole	18 50	61 »				
»			(Solde en Caisse 1983')						
2	Reçu legs de mon oncle	1.000 »							
»			Facture C... Tapissier:						
»			Bibliothèque et fauteuil	» »					250 »
»			Nourriture	6 70					
»			Pain et pâtisserie	» »			2 50		
»			Achat d'un clos	1.000 »					
»			Labourage et ensemencement	30 »	1.036 70				
»			(Solde en Caisse 1952,30)						
3			Voyage aller	40 »					
4			Spectacle	18 »					
5			Hôtel	95 »					
6			Voyage retour	41 »	194 »				
7			Nourriture	10 10					
»			Costume complet	75 »					
»			Pain	» »			1 20		
»			Aumône	0 50					
»			Ville de Paris 1886	420 »	505 60				
»			(En caisse 1302,70)						
8	Encaissement Loyer	50 »	Nourriture	8 70					
»			Payé terme	165 »					
»			Pain	» »			1 50		
»			Payé A... boulanger	6 40		6 40			
»			Versé à C... tapissier	100 »	280 10				100 »
	Total	3.100 »	(3) (Solde en Caisse 1012,60)		2.077 40	6 40	6 40	100 »	250 »

(1) Résumer chaque chapitre de dépenses en une seule ligne, de façon à ne pas charger ce livre de détails inutiles.
(2) Avoir soin de toujours porter les achats à crédit dans la colonne de Crédit des fournisseurs et les sommes qu'on leur paie dans la colonne de Débit.
(3) On fait chaque jour la différence entre la Recette et la Dépense au comptant pour déterminer le montant des espèces qui doivent se trouver en caisse.

et Statistique de Caisse.

crédit : chez		Statistique des Dépenses au comptant et à crédit.									Totaux par jour des Dépenses au comptant et à crédit	
Débit	Crédit	Nourriture en Service	Éclairage Chauffage Blanchissage Entretien du ménage	Menues Dépenses Aumônes plaisirs voyages	Loyer Contributions Assurances etc.	Habillement et Linge				Achats de Valeurs Placements quelconques		
		7 50									62 20	
		1 20										
		35 "	18 50									
		6 70								260 "		
		2 50										
		20 "								1000 "	1.289 20	
				40 "								
				18 "							194 "	
		95 "		41 "								
		10 10			75 "							
		1 20		0 50						420 "	506 80	
		8 70			165 "							
		1 50									(1) 175 20	
		199 40	18 50	99 50	165 "	75 "				1670 "	2.227 40	

(1) Il a été payé le 8 une somme de 106.40 à C...., et à C.... qui ne doit pas figurer à la colonne N° 8 dans le total de la dépense au comptant et à crédit du 8 Mars, puisqu'elle a déjà été comptée précédemment parmi les dépenses à crédit.

Description
du Journal Analytique et Statistique de Caisse.

La colonne N°1 de notre Journal est réservée aux dates des mouvements de caisse.

La colonne N°2 indique la nature des recettes qu'il est essentiel de bien préciser afin de pouvoir en faire le dépouillement et l'application en fin d'année, comme il est dit dans nos Explications complémentaires concernant la clôture de chaque exercice de la comptabilité du foyer (Voir à la fin de ce registre).

La colonne 3 reçoit les sommes des recettes [1]

La colonne 4 indique la nature des dépenses au comptant et à crédit. Il faut observer que l'indication de la nature des dépenses doit correspondre aux colonnes N°7 de statistique de ces dépenses. Pour ne pas multiplier les détails et les chiffres on fera bien de résumer chaque nature de dépense en une seule somme, comme nous le faisons, et avoir un petit livre brouillon pour l'inscription détaillée des dépenses de chaque jour.

Les colonnes N°5 comprennent le détail des dépenses au comptant et le total par jour de ces dépenses.

Les colonnes N°6 reçoivent l'inscription des achats faits à crédit chez les fournisseurs. Chaque fournisseur a un compte à deux colonnes, l'une de Débit où l'on inscrit les sommes que l'on paie, l'autre le Crédit où l'on inscrit le montant de chaque achat (le montant de cette dernière colonne ajouté à celui de la colonne N°5 donne un total qui doit être égal à celui de la colonne N°8).

Les colonnes N°7 servent au dépouillement statistique journalier, par nature, des dépenses de toute sorte au comptant et à crédit. Les colonnes restées blanches peuvent être utilisées pour l'inscription des dépenses de Monsieur, Madame et des enfants ou autrement.

Enfin la colonne N°8 reçoit les totaux journaliers des dépenses au comptant et à crédit.[2]

---

[1] Pour commencer ce Journal de caisse, on se borne à inscrire comme nous le faisons, la somme en caisse. Si l'on doit à un ou plusieurs fournisseurs on écrit dans leur colonne de Crédit la somme qui leur est due au jour où l'on commence ce journal. On peut s'abstenir de comprendre cette somme dans le total de la colonne N°8.

[2] Dans cette dernière colonne des dépenses au comptant et des achats à crédit, il ne faut pas comprendre les règlements faits aux fournisseurs, puisqu'ils ont déjà été comptés dans les dépenses à crédit. Ainsi dans notre exemple, les dépenses au comptant sont de 2077.40 et les dépenses à crédit de 6.40 + 250! = 256.40, mais les dépenses au comptant comprennent 6.40 + co = 106.40 payés le 8 Mars. Il faut donc se borner à ajouter 150 francs restant dus aux 2077.40 dépensées pour obtenir le chiffre des dépenses au comptant et à crédit, soit 2227.40 indiquées par notre dernière colonne.

Instructions complémentaires.
Clôture annuelle de la Comptabilité du Foyer.

La comptabilité domestique ou comptabilité du Foyer des non commerçants, comme d'ailleurs des commerçants eux mêmes, est tout entière contenue, avons-nous dit, dans notre Livre analytique et Statistique de Caisse, tenu à partie simple. En fin d'exercice on en résume les mouvements de Recette et de Dépense au moyen d'écritures qui les centralisent dans un petit nombre de comptes. On obtient ainsi le Bilan du Foyer qui indique les résultats en pertes ou en profits de l'exercice qui vient de finir; résultats qui s'ajoutent à ceux des années précédentes, les modifiant dans un sens ou dans l'autre.[1]

Cette centralisation des Recettes et des Dépenses; qui sert à déterminer leurs résultats en perte ou en profit, se fait au Journal Général et de là au Grand Livre général. Elle s'effectue très simplement comme on va voir :

Trois cas peuvent se présenter :
Ou les dépenses de l'année sont égales aux recettes ;
Ou les dépenses dépassent les recettes ;
Ou les recettes dépassent les dépenses.

---

[1] Les Commerçants ne doivent pas fondre leur comptabilité de capitaliste (ou comptabilité privée) dans leur comptabilité de commerçants. Le capital qu'ils n'engagent pas dans le commerce, les recettes, les dépenses et les économies du foyer domestique doivent régulièrement faire l'objet d'une comptabilité distincte. (Ouvrages à consulter sur ce sujet : 1° La Science des comptes mise à la portée de tous, - 2° Principes généraux de comptabilité, par MM. Eug. Léautey et Guilbault ; 3° Cours de comptabilité et de Tenue des Livres, par M. Eug. Léautey (Librairie comptable, 5, rue Geoffroy-Marie).

Dans le premier cas le capital n'a fait que passer par les mains du travailleur. Il a subvenu aux besoins de son foyer. Il ne lui reste rien. C'est ce qui doit être établi par un compte appelé Résultats de l'exercice 18

Dans le deuxième cas, non seulement il ne lui reste rien, mais ayant été obligé de recourir au crédit, c'est à dire au capital d'autrui, il a contracté des dettes. C'est ce qui doit être établi également par le compte Résultats de l'exercice 18 et par le ou les comptes des créanciers.

Dans le troisième cas, la recette dépassant la dépense, l'épargne se constitue, un capital est resté aux mains du travailleur. C'est encore ce qui doit être établi par le compte Résultats de l'Exercice 18, et par le compte de la valeur épargnée, soit Caisse, si l'épargne est en caisse, ou Caisse d'épargne, Mobilier, Titres, Immeuble, si cette épargne a été placée d'une manière quelconque.

Nous allons maintenant chiffrer ces trois cas afin de compléter la démonstration et de la rendre absolument claire pour tout le monde.

Premier cas :

Un travailleur X... a en caisse au 1ᵉʳ Janvier, une somme de 50^f, il quitte le régiment, c'est tout ce qu'il possède avec quelques hardes. Il touche dans le courant de l'année 12 mois à 150^f soit 1800 + 50^f = 1850^f total de ses recettes. Le total de ses dépenses est de 1795^f, il a dépensé un peu moins de 5^f par jour et se trouve à peu près dans la même situation qu'au commencement de l'année, c'est à dire avec 55^f en caisse.

Pour exprimer ce résultat d'une manière méthodique il passe au Journal Général les deux écritures suivantes qui centralisent et synthétisent toutes celles portées au Livre de Caisse dans le courant de l'année :

Journal général

		31 Décembre 1895				
139	Caisse		1850	"		
140		à Résultats de 1895			1850	"
		Recettes de l'année, suivant détail				
		au livre de caisse				
		folios 1 à 90				
		31 Décembre 1895				
140	Résultats de 1895		1795	"		
139		à Caisse			1795	"
		Dépenses de l'année, sui-				
		vant détail au livre de Caisse				
		folios 1 à 90				
		Total du Journal général	3645	"	3645	"

C'est tout pour le Journal général.

Par le premier article on charge le compte Caisse de ce que la caisse a reçu dans le courant de l'année. Et le compte Résultats de 1895, qui représente le travail de X..., est crédité de la somme produite par ce travail. Soit dans notre exemple, 50 f épargnés par X... au reg ^{tre} et 1800 f d'appoint ^{ts} comme employé.

Par le deuxième article, on charge le compte Résultats de 1895, de la dépense faite, et l'on décharge d'autant la Caisse qui a payé cette dépense.

La fin du registre de notre Petite comptabilité du foyer est réservée au Journal général, au Grand livre général et au Livre d'Inventaires. Elle est réglée en conséquence, affectant un certain nombre de pages à chacun de ces trois organes comptables de centralisation, aussi nécessaires à la synthèse des opérations des non-commerçants qu'à celle des commerçants.

Grand Livre Général.

Débit ou Recette.   Caisse.   Crédit ou Dépense.

Dates.	Libellés des Mouvements.	Sommes.	Dates.	Libellés des Mouvements.	Sommes.
Xbre 31	à Résultats de 18..	1850 "	Xbre 31	par Résultats de 18..	1795 "
				Solde en caisse	55 "
		1850 "			1850 "
Janvr 1er	En Caisse à nouveau	55 "			

Dépense   Résultats de 1895   Recette

Dates.	Libellés des Mouvements.	Sommes.	Dates.	Libellés des Mouvements.	Sommes.
Xbre 31	à Caisse	1795 "	Xbre 31	par Caisse	1850 "
	Excédent des Recettes	55 "			
		1850 "			1850 "
			Janvr 1er	à nouveau	55 "

Le compte Caisse porte en recette 1850 f, en dépense 1795 f, soit un excédent de recette de 55 francs qui sont en caisse. Au commencement de l'exercice qui va suivre, X... portera donc sur son Journal de Caisse, dans la colonne Recettes, comme nous le faisons dans notre exemple chiffré, page 6, cette somme de 55 francs avec lesquels il commence l'année.

Le compte Résultats de 1895, porte en dépense 1795 f, en recette 1850 f, soit un excédent de recette de 55 francs, qui est en caisse. Cet excédent de 55 f, X... ne le considère pas comme un capital, c'est pourquoi il le laisse dans le compte Résultats de 1895, au lieu de le porter au compte Capital, comme il est fait plus loin dans notre troisième exemple.

Livre des Inventaires.

On inscrit au Livre des Inventaires d'une part les valeurs dont l'on dispose, d'autre part ce que l'on doit aux tiers. Notre travailleur X.... ne possédant rien que ses hardes et 55 francs, le Livre des inventaires se trouve réduit à ne recevoir que la Balance des écritures, qui exprime suffisamment cette situation.

Balance des Écritures.

Noms des comptes du Grand Livre	Totaux		Soldes	
	Débiteurs	Créditeurs	Débiteurs	Créditeurs
Caisse	1.850 »	1.795 »	55 »	» »
Résultats de 1895	1.795 »	1.850 »	» »	55 »
Total égal au Journal	3.645 »	3.645 »	55 »	55 »

Le compte Caisse est débiteur des 55 francs qui sont en caisse.

Le compte Résultats de 1895 exprime par son solde créditeur que les 55 francs qui sont en caisse sont la propriété de X…

Deuxième cas.

X ne touche dans le courant de l'année que 1650 f ayant été malade pendant un mois. Il a dépensé 1810 f. Ses recettes étant de 55 f + 1650 f = 1705 f et ses dépenses de 1810 f, il a donc été obligé de recourir au crédit, c'est-à-dire au Capital d'autrui. En effet, il doit à son boulanger 55 f et au restaurant 50 f, à la date du 31 Décembre. Ces dettes figurent dans la colonne 6 de son Journal analytique et statistique de Caisse, au crédit des comptes du boulanger et du restaurant.

Pour clore ce second exercice, il passe au Journal Général les écritures suivantes :

―――――― 31 Décembre 1896 ――――――

Caisse		1650 »	
à Résultats de 1896			1650 »
Recette de l'année, suivant			
détail au livre de caisse, folios 1 à 85			
	à reporter	1650 »	1650 »

Report	1.650	"	1.650	"

_____ 31 Décembre 1896 _____

Résultats de 1896 .... 1.810 "

    à Caisse .... 1.705 "

        Dépenses de l'année suivant
        détail au livre de caisse, folio 183

    à A......... boulanger .... 55 "

        Dû au 31 Décembre

    à B......... restaurant .... 50 "

        Dû au 31 Décembre

	3.460	"	3.460	"

Ces deux écritures résument tous les mouvements de l'année. Le compte Caisse est chargé des Recettes et le compte Résultats de 1896, qui représente le travail de X..., est crédité de la somme produite par ce travail.

Par le deuxième article, on charge le compte Résultats de 1896 de la dépense faite tant au comptant, qu'à crédit, soit de 1705 francs payés par la caisse et de 105 f. dûs à A..., et à B..., à qui l'on ouvre, au Grand livre, des comptes qui indiquent ce qui leur est dû.

Ces opérations, étant reportées au compte du Grand-livre: Caisse, Résultats de 1896, A..., boulanger, B..., restaurant, on obtient la Balance des écritures suivantes:

Balance des Écritures.

Noms des Comptes.	Totaux.		Soldes.	
	Débiteurs.	Créditeurs.	Débiteurs.	Créditeurs.
Caisse	1.705 "	1.705 "	" "	" "
A...... boulanger	" "	55 "	" "	55 "
B...... Restaurant	" "	50 "	" "	50 "
Résultats de 1896	" "	55 "	" "	55 "
Résultats de 1896	1.810 "	1.650 "	160 "	" "
	3515 "	3515 "	160 "	160 "

Cette balance, portée comme la précédente au Livre des Inventaires, exprime la situation de X..., qui ne possède rien en caisse et qui doit 105 francs. (Le compte Résultats de l'année précédente indiquait un boni de 55 francs; celui de l'année qui vient de finir indique une perte de 160 francs, soit une perte nette de 105 francs comme résultat des deux années).

Troisième cas.

Dans cette troisième année X... a touché 2400 f. Il a dépensé 1750 francs en frais de ménage et s'est acquitté de ses deux dettes, soit 1750 + 105 = 1855 f. comme total des dépenses. Différence 545 f. constituant l'épargne faite ou capital créé. D'où les écritures suivantes de clôture d'exercice au Journal Général.

31 Décembre 1897			
Caisse		2.400 "	
à Résultats de 1897			2.400 "
Recettes de l'année, suivant détail			
au livre de caisse, f⁰ 1 à 102			
31 Décembre 1897			
Résultats de 1897		1.750 "	
à Caisse			1.750 "
Dépenses de l'année, suivant détail			
au livre de caisse, f⁰ 1 à 102			
31 Décembre 1897			
A......, boulanger		50 "	
B......, restaurant		55 "	
à Caisse			105 "
Acquitté les notes de A... et B...			
à reporter		4.255 "	4.255 "

——————— 31 Décembre 1897 ———————

	Report	4.255	"	4.255	"
Résultats de 1895		55	"		
à Capital				55	"
pour fermer le compte Résultats 1895					
d°					
Capital		160	"		
à Résultats de 1896				160	"
pour fermer le compte Résultats 1896					
d°					
Résultats de 1897		650	"		
à Capital				650	"
pour fermer le compte Résultats 1897					
		5.120	"	5.120	"

    Les deux premières écritures résument, comme précédemment, les Recettes et les Dépenses de l'année. La troisième ferme les comptes de A..... et de B....., qui sont réglés. Au moyen des trois écritures qui suivent, il établit la situation de son capital à la fin de la troisième année. Par la première et la seconde il ferme les comptes de Résultats des deux années précédentes, le premier qui présentait un excédent de recettes de 55 francs, le second un excédent de dépenses de 160 francs ; par la troisième il ferme de même le compte Résultats de l'année qui vient de finir, laquelle a donné un excédent de recette de 545 francs. Le compte Capital débité de 160 francs et crédité de 55 + 650 f. apparaît finalement créancier de 545 francs, montant de l'épargne en caisse à la fin de la troisième année.

    C'est ce que montre la balance suivante des écritures reportées du Journal général au Grand Livre Général.

Balance des Écritures.

Noms des Comptes.	Totaux.		Soldes.	
	Débiteurs.	Créditeurs.	Débiteurs.	Créditeurs.
Caisse	2.400	1.855	545	"
A..., boulanger	50	50	"	"
B..., restaurant	55	55	"	"
Résultats de 18..	55	55	"	"
Résultats de 18..	160	160	"	"
Résultats de 18..	2.400	2.400	"	"
Capital	160	705	"	545
	5.280	5.280	545	545

Instructions complémentaires pour les petits Capitalistes.

Pour compléter ces explications, nous allons maintenant supposer que notre petit capitaliste fait un héritage, se marie et opère des placements dont les revenus s'ajoutent au produit de son travail.

Exemple :

X. hérite le 5 Janvier de 10000 f. Le 31 Janvier il achète une maisonnette et un jardin pour la somme de 8000 f. Il loue de suite la maisonnette 600 f. dans laquelle il fait 200 f. de réparations. Il s'y réserve un logement et garde le jardin pour lui. En février, il fait labourer et ensemencer ce jardin pour 50 francs. Dans le courant de l'année il vend pour 100 f. de légumes et de fruits et il en consomme pour 110 f, au prix qu'il les aurait payés chez le fruitier. Il a également acheté 75 f. de rente 3% pour 2500 f. de capital.

D'autre part, il s'est marié et sa femme a apporté en dot un mobilier évalué 1800 f. plus 15000 f. en un titre de 450 f. de rentes 3%. A la fin de l'année, il vend sa maison 12000 f. à son locataire. Enfin, il a touché 3000 f. d'appoint.s et dépensé 3800 f. pour son ménage.

Toutes ces opérations, sauf l'entrée de la dot, (mobilier et titre de rente) sont des Recettes et des Dépenses de numéraire qui doivent être inscrites au Journal analytique et statistique de Caisse, aux dates où elles s'effectuent et avec l'indication de leur nature. Quant à l'entrée de la dot, elle figure seulement au Journal général avec les autres écritures de fin d'année.

Pour mieux se rendre compte de ces écritures, voici la récapitulation des recettes et des dépenses de X., à passer au Journal général.

— Recettes —

		Comptes à créditer
Héritage de mon oncle	10.000 »	Capital
Légumes vendus	100 »	Résultats
Coupons des titres de rente (75f + 450f)	525 »	d°
Loyer de la maison	600 »	d°
Vente de la maison	12.000 »	Immeuble
Appointements de l'année	3.000 »	Résultats
Au débit de Caisse	26.225 »	

— Dépenses —

		Comptes à débiter
(1) Achat de la maison et frais	9.000 »	Immeuble
(2) Labourage et ensemencement du jardin	50 »	Résultats
(3) Achat de 75f rente 3%	2.500 »	Titres
Dépenses de ménage	3.800 »	Résultats
Au crédit de Caisse	15.350 »	

Journal général
31 Décembre 1898

Caisse		26.225 »	
à Capital			10.000 »
Héritage de mon oncle			
à Immeuble		»	12.000 »
Vente			
à Résultats de 1898			4.225 »
Appointements	3.000 »		
Légumes vendus	100 »		
Coupons	525 »		
Loyer touché	600 »		
	4.225 »		
à reporter		26.225 »	26.225 »

(1, 2, 3) Ces dépenses figurent au Journal de Caisse dans la colonne Achat de valeurs, placements quelconques, qui reçoit toutes les dépenses ou placements.

	31 Décembre 1898				
		Report	26.225	"	26.225	"
Les suivants	à Caisse				15.350	"
Immeuble			9.000	"		
Achat et frais						
Titres			2.500	"		
d°						
Résultats de 1898			3.850	"		
Labourage et ensemencement			50	"		
Dépenses de ménage			3800	"		
	31 Décembre 1898				
Résultats de 1898	à Immeuble		110	"	110	"
	Produits du jardin consommés dans le ménage					
	31 Décembre 1898				
Immeuble	à Résultats de 1898		3.110	"	3.110	"
	Bénéfice sur l'immeuble					
	31 Décembre 1898				
Les suivants	à Capital				16.800	"
Mobilier			1.800	"		
apportés par Mme X... en dot						
Titres			15.000	"		
450f 3% apportés en dot						
	31 Décembre 1898				
Résultats de 1898	à Capital		3.375	"	3.375	"
	pour fermer le premier compte					
			64.970	"	64.970	"

Les deux premières écritures résument, comme précédemment, les Recettes et les Dépenses de l'exercice. Le compte Caisse est débité de tout ce que la caisse a reçu : héritage, vente de l'immeuble, appointements, etc..., il est crédité des dépenses : achat d'immeuble, de titre, frais de ménage, labourage et ensemencement du jardin. Par la troisième écriture l'immeuble est crédité du produit consommé du jardin. Par la quatrième écriture ce même compte est soldé et le bénéfice sur sa vente est porté au compte Résultats de 1898.

La dot apportée par Mme X. augmente le capital de 16.800 francs, d'où une écriture spéciale à cette entrée d'actif, représentée par les comptes "Mobilier" et "Titres". Enfin, une dernière écriture augmente le compte Capital de 3375 francs, bénéfice indiqué par le compte Résultats de 1898, qui doit être soldé en fin d'année.

Ces diverses écritures étant reportées au Journal général aux comptes du Grand Livre général, il en résulte la Balance suivante des écritures qui exprime la situation de X... au 31 Décembre 1898 :

Balance des Écritures.

Noms des Comptes.	Totaux		Soldes	
	Débiteurs.	Créditeurs.	Débiteurs.	Créditeurs.
Capital	"	30.175	"	30.175
Immeuble	12.110	12.110	"	"
Mobilier	1.800	"	1.800	"
Caisse	26.225	15.350	10.875	"
Titres	17.500	"	17.500	"
Résultats de 1898	7.335	7.335	"	"
	64.970	64.970	30.175	30.175

Cette Balance exprime le Bilan de X... Son capital est de 30.720 francs, représenté par le crédit du compte Capital. Les soldes débiteurs de Mobilier, de Caisse, et de Titres indiquent la composition de ce capital.(1)

(Nota) Quand le capitaliste se fait commerçant, il représente dans sa comptabilité du foyer cet emploi de capital par le compte Maison de commerce, débité de la somme employée. Les bénéfices retirés du commerce figurent au crédit du compte Résultats par le débit de Caisse (s'ils sont touchés), de Maison de Commerce (s'ils sont gardés dans la maison de commerce). On trouvera dans le "Cours de Comptabilité et de Tenue des Livres" déjà cité, des explications théoriques et pratiques complémentaires sur la comptabilité des non-commerçants (prolétaires et petits capitalistes) et sur les rapports de cette comptabilité avec celle du commerçant. Mais celles indiquées ici suffisent amplement, et chacun peut désormais avoir sa comptabilité complète du foyer.

(1) S'il était dû quelque chose par un tiers, on lui ouvrirait un compte dont le débit représenterait la somme due.

Journal et

Dates des Mouvements	Recettes		Dépenses							
	Nature	Sommes	Sommes dépensées au comptant			Sommes dépensées				
			Nature Comptant ou Crédit	Détail	Totaux par jours	Chez		Chez		
						Débit	Crédit	Débit	Crédit

Avis.

Cette feuille indique les titres des diverses colonnes du <u>Livre de Caisse</u>. On peut la déplacer à volonté à mesure que l'on avance dans l'année.

Même observation pour les autres feuilles indicatrices des réglures du <u>Journal Général</u>, du <u>Grand Livre Général</u>, etc.

Prière de ne pas égarer ces feuilles.

Folios du Rº	Comptes Débités.	Dates des Mouvements.	Comptes Crédités.	Sommes Détaillées.	Débit.	Crédit.

Statistique de Caisse.

Statistique des Dépenses au Comptant et à Crédit.

à Crédit Chez		Nourriture et Service	Éclairage Chauffage Blanchissage Entretien du ménage	Menues Dépenses Aumône Plaisirs Voyages	Loyer Contributions Assurances etc	Habillement et Linge				Achat de Valeurs Placements quelconque	Totaux par jour des Dépenses au Comp[tant] et à Crédit
Débit	Crédit										

Balances des Écritures

Noms des Comptes	Totaux.		Solde	
	Débiteurs	Créditeurs	Débiteurs	Créditeurs

Balances des Ecritures

Noms des Comptes	Totaux		Solde	
	Débiteurs	Créditeurs	Débiteurs	Créditeurs

Débit ou Recettes	Grand Livre Général			Crédit ou Dépenses	
Dates	Libellés des Mouvements	Sommes	Dates	Libellés des Mouvements	Sommes

Débit ou Recettes	Grand Livre Général.			Crédit ou Dépenses		
Dates	Libellés des Mouvements	Sommes	Dates	Libellés des Mouvements	Sommes

Journal Général

Folios du Grand Livre	Comptes Débités.	Dates des Mouvements.	Comptes Crédités.	Sommes Détaillées.	Débit.	Crédit.

www.ingramcontent.com/pod-product-compliance
Lightning Source LLC
Chambersburg PA
CBHW060515050426
42451CB00009B/994